L^{27}_n 13912.

HISTOIRE
ABRÉGÉE
DE MARIE-PHILIPPINE
MAZOIR,

DÉCÉDÉE A THIERS, LE 24 JUILLET 1834, A L'AGE
DE 22 ANS 8 MOIS 26 JOURS;

POUR SERVIR A L'ÉDIFICATION DE LA JEUNESSE.

Le Seigneur l'a *enlevée* de peur que son cœur ne fût gâté
par la malice, et que l'illusion ne séduisît son âme.
(*Sagesse*, c. 4.)

Au profit du Rosaire vivant.

CLERMONT,
THIBAUD-LANDRIOT, IMPRIMEUR-LIBRAIRE,
Rue St-Genès, n° 8.

1834.

J. M. J.

HISTOIRE

ABRÉGÉE

DE MARIE-PHILIPPINE MAZOIR,

DÉCÉDÉE A THIERS, LE 24 JUILLET 1834, A L'AGE
DE 22 ANS 8 MOIS 26 JOURS.

Requiescat in pace.

MARIE-PHILIPPINE MAZOIR naquit à Thiers, en Auvergne, l'an 1811. Naturellement sérieuse et raisonnable, elle ne se porta jamais, pendant son enfance, aux amusemens ordinaires à cet âge : ce qui n'empêcha pas qu'elle ne fût recherchée et aimée des autres enfans, parce qu'elle était d'une douceur et d'une amabilité qui la leur rendait chère et agréable. Ses penchans favoris étaient pour la vertu ; mais elle aurait eu besoin d'un guide, et, ses proches parens n'étant pas auprès d'elle, elle fut presque livrée à elle-même, ou élevée avec assez d'indifférence sur la religion. Mais le Seigneur, qui veillait sur ce vase d'élection, l'entretint dans cet éloignement naturel qu'elle éprouvait pour le monde ; ce qui la mit à l'abri de bien des dangers. Cependant sa famille s'étant aperçue de son intelligence et de sa sagacité naturelles, on eut soin de l'envoyer de bonne heure à l'une des premières écoles de la ville. Bientôt elle fut supérieure à toutes ses compagnes ; mais elle eut le malheur de s'apercevoir elle-même des facultés dont le Seigneur l'avait douée. Alors un sentiment d'amour-propre et de vanité, qu'elle ne connaissait pas, mais qu'elle a bien pleuré plus tard, s'empara de son esprit, et fut toujours le plus grand tourment de sa conscience, par les combats qu'il lui livra, et dans lesquels elle craignait toujours de succomber. C'est surtout au sujet de sa première communion, qu'elle a éprouvé des peines sous ce rapport; mais si elle fut coupable, comme on ne peut le croire par la vie édifiante qu'elle a menée depuis, elle a bien expié sa faute dans les sentimens d'un véritable regret, et dans les larmes d'un sincère repentir; car elle n'a cessé d'en faire l'aveu dans ses confessions suivantes, pour s'en humilier davantage.

Dès lors son cœur fut comme partagé; car quoiqu'elle penchât toujours vers son Dieu, le monde voulut pourtant l'attirer à lui. Déjà les progrès rapides qu'elle faisait dans l'étude, et l'ascendant que son air grave et modeste lui donnait sur ses compagnes, la firent choisir pour être sous-maîtresse dans son école; plus tard même on eût voulu lui faire embrasser la partie de l'enseignement, tellement on découvrit en elle d'heureuses dispositions et des qualités qui la rendaient chère à tous les enfans. Elle avait en effet le double et rare talent, dans un âge fort tendre, de se faire aimer et de se faire respecter tout ensemble : peut-être même aurait-elle embrassé cette profession, si elle n'eût écouté que son goût et ses succès; mais d'autres raisons la déterminèrent pour un autre parti.

Cependant quelques années s'étaient écoulées depuis sa première communion, d'une manière assez indifférente pour le service de Dieu ; elle n'était point tombée dans de grands vices, mais elle ne pratiquait pas encore de grandes vertus; personne ne l'y encourageait ; ses communions n'étaient ni rares ni fréquentes, et le monde qui n'est pas exigeant applaudissait hautement à sa conduite; mais le Seigneur, qui avait des vues de providence toutes particulières sur cette âme, ne tarda pas à la livrer au trouble et à l'agitation, comme pour lui donner à entendre qu'elle devait agir avec plus de générosité envers lui. De continuels besoins de se consacrer tout à Dieu ne lui laissaient aucun repos. Le jour, la nuit elle entendait comme une voix secrète qui lui criait, du fond du cœur : *Sors de cet état d'indifférence ;* mais elle n'en avait pas le courage ; elle s'était faite un habitude de cette manière de vivre ; elle ne pouvait croire que le Seigneur exigeât d'elle une plus grande perfection. Cependant, sans être criminelle, tout commençait à l'effrayer et à lui faire sentir la nécessité de sa conversion. Les lectures pieuses, les sermons sur les vérités importantes du salut, les exemples d'édification agitaient sa conscience, et répandaient l'amertume et le dégoût sur toutes les occupations de sa vie. Enfin, ce qui a été la source de sa plus vive douleur, se croyant trop faible pour pratiquer la vertu qu'elle admirait secrètement dans les âmes dévotes, et qu'elle eût voulu pratiquer, elle fut assez malheureuse pour en écouter la critique, et pour se la permettre par respect humain. *Ce n'est pas tout,* disait-elle en gémissant, *mon aveuglement fut tel qu'étant alors vivement pressée de mener une meilleure vie, il me semblait que je craignais ce changement de conduite, que tout était* à le d'opérer, parce que je m'y sentais entraînée malgré moi; j'aurais comme voulu ne plus entendre ni sermons, ni exhortations, ne plus faire aucune lecture, ne plus voir aucun bon exemple. En un mot, je fus si coupable par mes résistances à la grâce, que je ne puis comprendre comment le bon Dieu ne m'a pas rejetée.

C'est ainsi qu'elle était à plaindre, comme un autre Augustin quand il voulut se convertir; mais il lui manquait un saint Ambroise pour dompter son esprit rebelle par la force de son éloquence et par l'onction de ses discours; du moins elle aurait eu besoin d'un guide éclairé et plein de zèle, qui aurait su profiter de ces violentes secousses, pour soumettre sa volonté aux vues salutaires de la Providence. Ce guide, elle craignait encore de le trouver, et peut-être le Ciel le lui refusait-il en punition de ses résistances. Déjà plus d'une année s'était écoulée dans cette cruelle situation et dans une alternative pénible de désirs et de craintes. Mais enfin, ennuyée d'elle-même, et ne trouvant rien dans le monde capable de rendre son âme tranquille, elle forma l'heureux projet de se tourner du côté de celui qui la poursuivait sans relâche: du moins voulut-elle se rendre raison de tant de combats intérieurs.

Elle avait atteint sa dix-neuvième année; il fallait prendre un parti. Nous avons déjà dit que, malgré son goût et ses succès dans l'enseignement, quelques raisons l'en détournèrent; elle se décida pour la profession de modiste. Un état semblable paraissait peu propre à l'amélioration de sa vie. Mais quand le Seigneur appelle une âme à lui, il se sert de toutes sortes de moyens pour se l'attirer. Peut-être Philippine l'avait-elle prévu ; du moins est-il sûr qu'elle jugea avec raison qu'il lui serait plus facile de surmonter le respect humain, et de faire des sacrifices à Dieu, loin de sa famille et de ses connaissances : précieux avantage que lui procurait cette *nouvelle* détermination ; car il lui fallait quitter le lieu de son habitation, pour apprendre ce *nouveau* genre de travail. Elle partit avec joie, mais plutôt dans le désir de rendre le calme à son âme, que dans celui de devenir une habile maîtresse dans l'art des modes du temps. Cela n'empêcha pas néanmoins qu'elle ne s'y appliquât avec soin, et avec toute l'exactitude et soumission qu'une élève doit à sa maîtresse. Elle se concilia facilement l'estime de celle-ci, et devint en peu de temps le modèle de ses nouvelles compagnes, qui se plaisaient toujours auprès d'elle, tant ses manières et ses discours avaient de l'attrait. Mais, hélas ! qu'importe l'approbation du monde, quand on ne croit pas avoir celle de Dieu ! Marie-Philippine voulut enfin la mériter. Elle eut recours à son Dieu lui-même, par l'entremise de Marie, et commença bientôt par ne plus éprouver ces mêmes répugnances à l'égard des prédications et des lectures pieuses ; elle était même contente quand elle pouvait entendre quelque discours édifiant, et s'entretenir avec des âmes saintes. Tout son plaisir et son délassement, le saint jour du dimanche, au lieu de partager les divertissemens des mondains, auxquels on l'avait invitée souvent, était d'assister à toutes les instructions qu'elle pouvait entendre, et de faire de longues prières. Il lui était arrivé plus d'une fois d'entendre quatre ou cinq sermons le même jour. Ayant ouï parler d'un ecclésiastique plein de zèle, qui était vicaire de la Cathédrale de Clermont, et qui depuis a été nommé curé d'une paroisse de la même ville, elle lui ouvrit tout son cœur par une confession de toute sa vie, et puisa, dans les salutaires exhortations qu'elle en reçut, les sentimens de cette piété tendre et véritable dont elle fut quelque temps après un si parfait modèle. Dès lors sa conduite fut plus édifiante, ses communions plus affectueuses, sa vie plus réglée; elle commençait à goûter la douceur du service de Dieu, et à comprendre que lui seul est capable de remplir un cœur. En un mot, elle était plus tranquille; mais elle ne goûtait pas encore un calme entier: c'est que le Ciel exigeait d'elle de plus grands sacrifices; il voulait se l'immoler entièrement. Oh! qu'il est favorisé, celui qui est ainsi poursuivi par le glaive de l'amour divin!

Le temps de son apprentissage était fini; elle revint à Thiers, parvenue au bel âge de la vie, avec des qualités et des talens naturels; d'une physionomie heureuse, d'un esprit agréable, d'une douceur qui ne se démentit jamais; affable, prévenante, et le sourire toujours peint sur les lèvres, il semblait que le monde allait lui ouvrir une carrière toute d'agrémens et de plaisirs; elle était faite en effet pour jouer un rôle avantageux dans la société. Le magasin qu'elle venait d'ouvrir refoulait de pratiques; à peine était-elle capable, en prolongeant ses veilles bien avant dans la nuit, de subvenir à toutes les demandes, tant elle était encombrée d'ouvrage; mais jamais elle ne voulut acheter ces pratiques au prix de sa conscience; elle aima mieux les perdre plutôt que de transgresser la loi de la sanctification du dimanche, pour satisfaire à la vanité de quelques femmes mondaines. Du reste, quand il lui arrivait de manquer involontairement à sa promesse, sous ce rapport, elle savait accompagner ses excuses de tant de politesse, et supporter les paroles dures des mécontentes avec tant de bonhomie, qu'elles se retiraient toujours d'auprès d'elle, satisfaites, et regrettant de l'avoir peinée.

On ne peut guère comprendre comment, avec un état qui semblait exiger d'elle l'amour des vaines parures, son cœur ne s'y soit pas fortement attaché. Sans doute, le Seigneur, qui veillait sur elle, et qui l'avait rendue naturellement ennemie des goûts du siècle, la garantit de celui-ci. Car, quoiqu'elle se soit vêtue plus d'une fois selon la mode, on peut dire que ce ne fut point par goût, ni dans l'intention de parer son corps et de plaire à la créature ; c'était plutôt par suite de quelques conseils imprudens qu'elle avait reçus, et pour faire comme les autres, puisqu'au fond elle détestait ces sortes de vanités, comme toutes les folies du monde, auxquelles on peut dire qu'elle ne participa jamais ; ce qui fut pour elle, à l'heure de la mort, le sujet d'une grande consolation.

Beaucoup s'estimeraient heureux, et se regarderaient peut-être comme des saints, de mener une vie conforme à celle de Marie-Philippine : la plus grande exactitude dans tous ses devoirs, une délicatesse extrême dans sa profession, une obéissance parfaite à ses parens, la fréquentation régulière des sacremens, le mépris du siècle, le véritable amour de Dieu dans le cœur ; tout autant de pratiques qui, jointes à ses qualités naturelles, en faisaient une personne accomplie aux yeux du monde.... Mais, encore une fois, qu'importe l'approbation du monde, quand on ne croit pas avoir satisfait aux désirs du Ciel ! Marie éprouvait encore le pressant besoin de consommer un plus grand sacrifice. Cette même voix qui lui disait avant, de sortir de son indifférence, lui criait aujourd'hui : *Sois parfaite.* Le moment préparé par la grâce était venu ; la grâce allait triompher complétement. Elle ne cherchait plus que le moyen de plaire à Dieu. La crainte de tomber dans des mains trop habiles pour la direction de son âme, s'était dissipée, ou plutôt elle s'était métamorphosée en celle de n'en trouver pas d'assez habiles. Elle invoqua les lumières du Saint-Esprit, et fut s'adresser à un jeune prêtre plein de ferveur, de zèle et de lumières, vicaire alors de l'église de St.-Genès. Celui-ci ne tarda pas à s'apercevoir de ses heureuses dispositions, et fit si bien, par ses exhortations toujours onctueuses, qu'en peu de temps Marie fut une nouvelle créature. La très-sainte Vierge se mit aussi de la partie.

Pendant le mois de mai 1833, mois que la piété a presque généralement consacré à l'honneur de la mère de Dieu, qui est aussi la mère des enfans chrétiens, cette bonne mère, qui ne veut que notre salut, lui *procura*, un soir qu'elle revenait d'une église où ce mois se célébrait avec pompe, *une amie selon ses besoins et selon son cœur.* Elle n'en avait plus eu, et ce fut la dernière. C'étaient mêmes sentimens, même volonté, mêmes désirs. Toutes deux elles méprisaient le monde, et ne voulaient aimer que Dieu. Cette amie, dont nous parlerons peu, parce qu'elle est connue, pouvait lui être de quelque utilité dans la nouvelle carrière où elle était entrée; car un doux reproche, une touchante exhortation, partant de la bouche d'une amie, peuvent produire un grand effet sur le cœur. Philippine en retira ces heureux avantages; tandis que l'autre s'édifiait à son tour des progrès rapides de Philippine dans la vertu.

Fidèle aux impressions de la grâce qu'elle avait, disait-elle, tant de fois négligées, son unique désir était d'avancer toujours. Elle se livra d'une manière toute particulière à l'oraison mentale, et personne ne saurait se figurer ce qu'elle eut à souffrir pour y réussir, sans le faire connaître. Elle se levait avant le jour, et, quoiqu'elle fût naturellement très-peureuse, à travers de longs corridors qui aboutissaient à une chambre isolée où était morte depuis peu sa chère mère, elle s'y rendait seule et sans lumière, pour vaquer, pendant des heures entières, même pendant la saison la plus rigoureuse, plus facilement à ce saint exercice, et pour se dérober à tous les regards; car elle ne voulait plus être aperçue que de son Dieu. Ce n'est pas tout, elle retrancha de son vêtement tout ce qui appartenait au luxe; elle s'interdit toute récréation non nécessaire, quelque innocente qu'elle fût; elle rendit ses confessions et ses communions fréquentes; fit régulièrement la lecture spirituelle et l'examen particulier; s'imposa des mortifications auxquelles sa santé ne répondait pas; mais elle n'écoutait en cela que son courage; et quand on voulait lui en faire l'observation, elle répondait qu'elle n'était pas malade, et que d'ailleurs elle serait trop heureuse de s'immoler pour expier ses fautes. C'est ce désir qui lui fit former le pieux projet de se séparer entièrement du monde, et de se retirer dans une maison religieuse, pour ne plus avoir de volonté propre, et s'attacher à la croix de Jésus-Christ, sur laquelle elle voulait mourir. Du reste, elle ne croyait suivre en cela que la voix de Dieu qui l'appelait à cette vocation. Sa résolution était prise; elle ne soupirait qu'après l'heureux moment où les portes du sanctuaire s'ouvriraient pour la recevoir. Elle ne découvrait pas ses intentions d'une manière formelle; mais, à sa conduite et à son langage, sa famille s'aperçut facilement de ses projets; on eût voulu l'en détourner; on éleva même plusieurs difficultés. A ces obstacles, qui contrariaient infiniment ses penchans, elle ne répondit que par le silence et la résignation, persuadée que le Seigneur saurait les lever quand il en serait temps. Il faut croire pourtant que sa peine fut extrême; mais elle sut la supporter sans se plaindre; à peine la communiquat-elle à la dépositaire fidèle de ses secrets; car elle savait déjà souffrir intérieurement, et si elle n'eût craint de manquer de confiance à l'égard d'une amie, elle se serait refusée jusqu'à cet épanchement bien légitime, qu'elle regardait comme une sensualité qu'elle ne devait plus se permettre. Son directeur était donc le seul qui savait tout ce qui se passait dans cette belle âme; il vint à son secours, et, par des avis que lui dictèrent sa prudence et sa charité, il sut la calmer, sans lui ôter l'espérance.

Un guide aussi sage n'aurait jamais dû lui manquer; mais elle devait essuyer encore cette nouvelle preuve. Victime de l'intrigue et de la jalousie, M. B. fut obligé de quitter une paroisse où il faisait fleurir la religion, et où il s'était acquis une estime générale. Ne sachant qu'obéir, il se soumit aux ordres de ses supérieurs, et partit, en emportant des regrets universels.

Sa pieuse fille le pleura; elle perdait un bon guide, un véritable père. Cette perte cependant ne lui fut point un sujet de relâchement, parce qu'elle n'avait en vue que son Dieu, qu'elle voulait aimer toujours de plus en plus...... Son amie s'efforça de la consoler, et dès ce moment les liens de la charité qui les unissaient devinrent plus étroits.

Elle était inscrite dans une couronne du *rosaire vivant*, dont son amie était zélatrice. On peut dire avec assurance que jamais membre de cette association naissante ne fut plus édifiant. Elle en avait saisi l'esprit, elle en remplissait fidèlement les devoirs. Assister aux réunions prescrites par l'institut, prier pour la conversion des pécheurs, pour la persévérance des justes, la conservation de la foi en France, visiter les infirmes, consoler les affligés, instruire les ignorans, secourir les pauvres des épargnes de sa toilette et des menus plaisirs dont elle se privait, assister aux messes de la confrérie, faire le chemin de la croix pour le repos des associés défunts; tout autant de pratiques qui faisaient ses plus doux passe-temps. Si quelquefois, le dimanche, il lui arrivait d'aller à la promenade, c'était avec son amie, dans un lieu solitaire, pour faire une lecture édifiante, raconter quelque exemple touchant de la protection de Marie, ou pour recevoir quelque précieux reproche sur ses moindres défauts, qu'elle voulait corriger à tout prix. En un mot, son adhésion à la confrérie du *Rosaire vivant* lui fut si salutaire, et lui inspira une si tendre dévotion envers Marie, qu'elle eût tout mis en œuvre pour la propager en se sanctifiant. Elle était revêtue du saint Scapulaire ; elle communiait à toutes les fêtes de la sainte Vierge ; récitait journellement une partie du rosaire ; plaçait toutes ses bonnes résolutions sous les auspices de Marie ; n'entreprenait jamais rien d'important sans avoir fait une neuvaine à cette bonne mère ; faisait la plupart de ses méditations aux pieds de ses autels, qu'elle ne quittait toujours qu'avec la plus grande peine ; et quand le mois de mai approchait, on la voyait heureuse de pouvoir consacrer ce peu de jours à l'honorer, en se mêlant aux chœurs de celles qui chantaient les pieuses louanges de la Reine des Cieux. Enfin, Marie était, après Jésus, tout son amour, et ces deux noms, gravés dans son cœur, étaient sans cesse sur ses lèvres.

On peut le dire en effet sans crainte, son amour pour Marie ne diminua rien de celui qu'elle devait à Jésus. Quoiqu'elle eut un plaisir extrême de s'occuper à la gloire de la mère, tout son bonheur était pourtant de s'approcher du fils dans le sacrement de son amour. C'était vers ce tabernacle du Dieu vivant, que s'élançaient ses désirs et son cœur, à chaque instant du jour ; elle eût voulu recevoir cette manne céleste tous les jours, mais elle s'en croyait trop indigne, et se contenta d'y suppléer par la communion spirituelle. Ses préparations, ses actions de grâces, ses visites au Saint-Sacrement étaient si ferventes qu'on eût cru voir un séraphin descendu des cieux pour adorer l'Être suprême. Plusieurs personnes qui ont été témoins de son recueillement, ont avoué qu'elles éprouvaient une certaine ardeur à côté d'elle, qui leur était incon-

nue, comme si une étincelle du feu qui la dévorait
se fût échappée de son cœur pour embraser les leurs.
Sans doute, le Ciel la favorisait d'une manière spé-
ciale dans ces heureux momens, car elle ne se plai-
gnait jamais des dégoûts, des sécheresses ou des dis-
tractions ; ce qui ne pourrait nous donner qu'une
plus grande idée de sa vertu, si elle eut le courage
de supporter ces peines sans les faire connaître.
Toutefois elle ne fut pas ingrate envers son Dieu,
et, comme pour lui reconnaître tant de bienfaits,
aussi-bien que pour suivre l'attrait qu'elle éprouvait
toujours pour l'état religieux, elle voulut se lier,
par un serment irrévocable, à l'époux des vierges.
Elle était digne de prétendre à une prérogative
aussi glorieuse, puisqu'elle avait su conserver le lys
de l'innocence dans toute sa fraîcheur, et qu'elle fut
toujours à l'abri des tentations les plus humiliantes.
Ayant communiqué son projet à son directeur, celui-ci jugea à propos de borner son désir à raison
de son jeune âge, et du peu de temps qui s'était
écoulé depuis qu'il la dirigeait ; il chercha même à
l'en détourner, en retardant le moment de l'exécution ; mais il fallut céder à ses instances. Alors il lui
conseilla de faire une retraite, pour mieux connaître la volonté de Dieu ; et ce fut à l'issue de cette
retraite, qu'elle prononça, aux pieds de l'autel de
Marie, les engagemens qu'elle écrivit de sa propre
main, et que nous avons fait imprimer ici, tels que
son cœur les lui avait dictés.

ENGAGEMENS DE MARIE-PHILIPPINE MAZOIR.

*Moi soussignée, ayant fait une retraite pendant la-
quelle Dieu m'a fait la grâce de connaître la vanité des*

choses de la terre, et l'aveuglement de ceux qui ont le malheur de s'y attacher, je prends la résolution bien sincère de ne vivre que pour lui, et de lui consacrer tous les momens de ma vie.

En conséquence, je fais vœu de n'avoir d'autre époux que Jésus-Christ, et de me mettre religieuse aussitôt qu'il plaira à sa sainte volonté.

O mon divin époux! mon intention et mon désir seraient de me consacrer à vous par un vœu à jamais irrévocable; mais puisque mon directeur ne me le permet que pour cinq ans, je me soumets à sa décision, attendu qu'elle est aussi la vôtre. Ne permettez pas que votre épouse change jamais de sentiment; mais rendez-la digne de se vouer au plus tôt à vous entièrement et pour jamais, afin qu'unie à vous dans le temps, elle vous possède pendant l'éternité.

Ainsi soit-il. PHILIPPINE MAZOIR.

Le 20 février 1834.

Vierge sainte, ma tendre mère, recevez le témoignage de ma reconnaissance la plus vive; je me consacre pour toujours à votre amour et à votre service; daignez me présenter à votre divin Fils, et le prier d'agréer une pécheresse indigne de toute grâce, mais qui déteste tous ses péchés, et qui aimerait mieux mourir que de l'offenser, n'ayant d'autre désir que de l'aimer, et de faire sa sainte volonté. *Ainsi soit-il.*

Comme toutes ses démarches étaient mûries par la réflexion, elle n'hésita pas de croire dès ce moment que sa générosité dans le service de Dieu devait être sans bornes. Ce fut donc là toute son application : elle s'oublia tout à fait, pour ne plus s'occuper que du salut de son âme, et de la gloire de son divin époux. *Plaire à Dieu, et mourir,* ce fut sa devise. Aussi forma-t-elle un projet digne de sa vaste charité, qui devait opérer les effets les plus salutaires, et dont l'exécution était très-difficile; mais rien ne coûtait à son cœur; et comme on lui représentait un jour qu'elle aurait à souffrir la faim, la soif, la misère, les contradictions et une critique amère, si elle ne se désistait de ses intentions, *tant mieux*, répondit-elle, *je participerai au calice de mon Sauveur*. Jusqu'à son dernier moment, elle a conservé le désir qu'elle avait formé, mais qu'elle ne devait pas voir s'effectuer, non plus que celui d'être religieuse. Il faut espérer, et nous devons croire que le Seigneur a eu égard à ses intentions, et qu'il saura la récompenser selon ses mérites.

Toute dévouée à son Dieu, elle ne courait plus dans la voie de la perfection, elle y volait; c'était une humilité profonde, une douceur ravissante, une présence continuelle de Dieu, des mortifications de tous ses sens. Son confesseur ne découvrait plus même aucun péché véniel dans sa conduite; c'était un modèle de toutes les vertus. Hélas! nous ne devions pas en jouir bien long-temps. Après un carême tout de mortifications et de pénibles travaux qui lui faisaient empiéter sur son sommeil, ou plutôt, comme l'ont dit ses parens, prolongeant ses veilles très-avant dans la nuit par la prière, la méditation (1) ou quelqu'autre œuvre de piété, ayant passé la nuit du jeudi-saint au saint sépulcre, elle fut atteinte tout à coup d'un crachement de sang qu'elle ne voulut pas faire savoir, et qu'elle ne cherchait pas même à arrêter, si le mal, par ses progrès,

---

(1) Elle était de la confrérie de l'Heure-Sainte.

n'eût trahi son secret. Mais son amie s'en aperçut, et l'obligea d'accepter quelques soulagemens ; elle crut ne pouvoir s'y refuser, et ne voulut pas néanmoins interrompre ses jeûnes du vendredi, auxquels elle s'était condamnée pour la vie. Cependant le mal ne diminuait pas, et ses parens s'en aperçurent bientôt, aux accès d'une toux violente, accompagnée de vomissemens de sang considérables, qui firent craindre une pulmonie. Malheureusement nos craintes ne furent que trop réelles !... On s'efforça de lui prodiguer les soins les plus empressés, et l'on espérait encore la posséder long-temps. Le Ciel en avait décidé autrement. Ses forces s'affaiblissaient de jour en jour : il fallut cependant tout l'ascendant de son directeur pour lui faire suspendre ses pratiques de piété. Elle se soumit à ses ordres, et suivit ponctuellement les ordonnances du médecin. Rien ne lui faisait de la peine. Tranquille sur son sort, elle acceptait indifféremment, comme elle aurait dédaigné tous les médicamens qui pouvaient la soulager. Interrogée sur l'état de sa santé, elle répondait toujours de manière à ne point se faire plaindre ; elle ne manifestait qu'un seul regret, celui de ne pouvoir satisfaire sa tendre dévotion. Aussi, quand ses forces lui permirent de retourner à l'église, elle n'eut rien de plus empressé que de s'approcher du sacré banquet. C'est là qu'était toute sa consolation, tout son plaisir. Quand elle éprouvait un mieux, elle eût voulu reprendre de suite le cours de ses dévotions ; car elle se reprochait les moindres délassemens nécessaires, comme des lâchetés impardonnables. Ce fut surtout à l'égard de la pratique du mois de Marie, qu'elle eut des violences à se faire ; il lui semblait qu'elle aurait pu se mêler, en se gênant un peu, aux âmes dévotes qui allaient rendre en commun le tribut de leurs hommages et de leur amour à la Reine du Ciel ; et son médecin l'obligea précisément, à raison de la faiblesse de sa santé, d'aller pendant ce mois à la campagne pour faire usage du laitage, qu'on croyait pouvoir lui être propice. Il n'en fut rien ; elle n'eut que la privation de ne pouvoir assister aux saints offices pendant les jours des fêtes solennelles qui s'écoulèrent dans cet intervalle. Elle l'écrivit à une personne: « *Demandez à Dieu pour moi, qui n'aurai pas le bonheur de le recevoir, ni même celui d'entendre la sainte messe dans ce grand jour de la Pentecôte, son Saint-Esprit, avec ses dons et l'abondance de ses grâces : j'en ai un si grand besoin !* » Après son retour de la campagne, quelques semaines se passèrent dans une alternative de mieux en mal, et de mal en mieux. Le mal cependant l'emporta. Sa toux redoubla ; ses joues perdirent leurs vives couleurs ; sa figure était allongée ; ses membres perdirent toute leur force et leur substance ; c'était cette belle plante des champs qui vient d'épanouir, qui se fane et qui tombe. L'application des sangsues, qu'elle jugea lui convenir, ne servit qu'à l'affaiblir davantage ; son mal fut toujours croissant, et nous perdîmes même l'espoir de la conserver jusqu'à l'arrière-saison. Elle ne se levait plus que par intervalle, et quelques instans. *Je vois bien*, dit-elle à une personne, en souriant, *qu'il ne faut plus se faire illusion ;* et cependant elle conservait toujours le même calme, la même sérénité. Le pressentiment de sa mort prochaine ne l'affecta pas plus que les premiers symptômes de sa maladie. Son directeur, qui la visitait souvent, lui demanda si elle n'était point inquiète sur sa situation? *Non*, répondit-elle, *je suis parfaitement résignée à la volonté de Dieu, et la mort ne m'effraie pas.*

Enfin, le moment fatal, qui devait nous l'enlever, approchait à grands pas. Les chaleurs excessives de l'été, en épuisant son dernier reste de forces, l'attachèrent au lit des douleurs. Une toux redoublée, des suffocations continuelles, une plaie qui se forma sur sa poitrine, une autre qu'elle entretenait au bras gauche, ses autres membres déchirés ne donnèrent plus de trêve à ses souffrances. Elle perdit le sommeil; et si quelquefois il lui arrivait de s'assoupir, ces momens d'un repos apparent lui devenaient plus pénibles que les insomnies. A chaque instant il fallait la revenir de ses évanouïssemens. Son état devint si alarmant que nous crûmes la perdre en peu d'heures. On lui proposa de recevoir son Dieu; elle en manifesta le plus grand désir; mais d'un air qui nous fit connaître que ce n'était point encore son dernier jour. La voyant dans un tel état de souffrances, son confesseur jugea convenable de lui dire quelques mots de consolation; elle les écouta avec un doux sourire, et comme, en la quittant, il lui promettait de prier pour son allégement, *non*, répondit-elle, *point de soulagement;—mais la résignation jusqu'à la fin!*

Elle reçut son divin maître le lendemain au matin, qui était le dimanche de la fête du Sacré-Cœur de Jésus, auquel elle avait une si tendre dévotion. Il serait difficile de dire quelle fut sa jouissance. Après une telle faveur, elle ne souffrait plus.

Le mercredi suivant, jour de Notre-Dame du

Mont-Carmel, dont elle était de la confrérie, elle demanda à Marie, sa bonne mère, la grâce de mourir le dernier jour de la neuvaine : cette faveur lui fut accordée. La maladie fit ses derniers progrès. Le soir du dimanche de l'octave, elle reçut l'extrême-onction, et le lendemain, la communion en viatique. Sa souffrance était extrême; elle ne la faisait connaître que par de longs soupirs, qu'elle arrachait avec peine du fond de sa poitrine. On ne pouvait s'empêcher de verser des larmes sur sa cruelle situation, et sa patience était toujours égale. *Ne pleurez donc pas,* disait-elle; *si vous saviez combien je suis heureuse! Je ne donnerais pas ma place pour tous les biens du monde!*..... Elle répéta plusieurs fois ces dernières paroles.

Le jeudi matin, 24 juillet, dernier jour de la neuvaine de Notre-Dame du Mont-Carmel, persuadée que Marie avait exaucé sa prière, elle fit venir son confesseur. *Je vous prie de me pardonner,* lui dit-elle; *mais c'est aujourd'hui mon dernier jour; c'est aujourd'hui que je serai heureuse; que je tranquilliserai mon bon ange, et je voudrais bien recevoir encore une fois l'absolution.* Elle fit une courte revue sur toute sa conduite, se reprocha, avec une vivacité de douleur qu'on ne peut exprimer, et l'amour-propre de ses premières années, et ses longues résistances à la grâce pendant les suivantes, et reçut le dernier pardon qu'elle désirait. Une crise violente survint peu de temps après; nous crûmes qu'elle allait y succomber. Elle fit détacher de la muraille une croix qu'elle pressa amoureusement sur ses lèvres, et qu'elle fit placer au pied de son lit, pour y fixer ses regards, qu'elle n'en détournait que par intervalle, pour considérer l'image de Marie, ou pour les reposer un moment sur ses proches et ses amies qui fondaient en larmes autour de sa couche. Vers le milieu du jour, elle éprouva une crise plus forte. Nous lui fîmes les prières de l'âme, qu'elle nous fit signe de lui réciter en français; ensuite elle appela les personnes qu'elle affectionnait le plus, et leur fit les recommandations les plus précieuses. Tous les mots qui sortaient de sa bouche étaient autant de paroles sentencieuses, dictées par la charité. Elle recevait avec empressement toutes les demandes qu'un chacun lui adressait pour son salut, et promettait de ne point les oublier. On eût dit, à son sourire et à son langage, qu'elle ne souffrait plus, et cependant son agonie était des plus pénibles; mais un regard sur la croix ou vers le Ciel adoucissait entièrement sa douleur. Nous ne pouvions nous lasser d'admirer sa résignation, et nous portions tous envie à son sort. Tout à coup survint une crise qui fut la dernière, mais la plus terrible; ses crachats s'arrêtèrent; sa poitrine était gonfle; la circulation de l'air était empêchée par l'humeur; elle ne faisait entendre que des cris aigus; ses yeux sortaient de leurs orbites; la pâleur de la mort était peinte sur son visage; une sueur froide circulait par tous ses membres, qui étaient roidis, et son corps se soulevait hors de son lit. Notre peine était extrême; nous ne pouvions la soulager. Alors nous convînmes de réciter les litanies de la sainte Vierge. Oh! que c'est une bonne mère, et qu'elle vient vite au secours de ses enfans! A peine avions-nous commencé, que la malade, au ravissement de tous les assistans, joignit ses deux mains sur sa poitrine, fixa doucement ses yeux sur le crucifix, et se trouva dans le calme le plus profond jusqu'à son dernier soupir. Nous la croyions endormie; mais elle n'était occupée que de la bonté de Marie qui venait de la secourir d'une manière si prompte et si évidente, et des délices de la bienheureuse éternité dans laquelle elle allait entrer bientôt. Deux heures s'étaient écoulées sans qu'elle eût fait le moindre mouvement, et sans articuler aucune parole. On pensait qu'elle n'était plus de ce monde, quand, l'horloge venant à se faire entendre, elle fit sur soi le signe de la croix pour sanctifier encore cette heure qui ne devait plus sonner pour elle. On l'entendit prononcer les doux noms de *Jésus* et de *Marie*, qu'elle avait sans cesse dans sa bouche. D'ailleurs, elles s'étaient promises, avec sa bonne amie, que celle qui assisterait l'autre au lit de la mort, les lui répéterait jusqu'à la fin; mais elle n'en eut pas besoin; elle se les rappelait toujours, pour ne pas perdre de vue la présence de Dieu un seul instant. Son confesseur, qui l'assistait, lui renouvela le souvenir de cette sainte présence. *Oui*, répondit-elle avec affection, *j'y pense, mais quelquefois il m'arrive de m'assoupir*. Elle se reprochait ce besoin comme un mal; et, pour ne plus rien accorder à ses sens, elle pria les personnes qui l'entouraient de la réveiller dans ces momens, pour lui parler de son Dieu.

Il était neuf heures du soir; elle avait fait tous ses adieux; elle ne songeait plus qu'à subir, avec une entière résignation, les derniers décrets de la Providence. *Mon père*, dit-elle à son directeur, *je veux bien souffrir tant qu'il plaira à Dieu; mais il me semble que je désire la mort pour m'unir entièrement à lui, et* je crains qu'il n'y ait de la délicatesse. Mon enfant, ne vous troublez point d'un pareil désir, lui répondit celui-ci; mais, pour bannir votre crainte, et mourir dans une entière résignation, abandonnez-vous à la volonté de Dieu. Du reste, vous n'avez plus que quelques instans à attendre, et l'époux des vierges vous adressera ces paroles consolantes : *Entrez dans la joie de votre Seigneur*..... A ces mots, elle éleva les yeux vers le Ciel, poussa un long soupir, pressa, avec ses mains débiles, la croix sur ses lèvres et sur son cœur, puis se laissa retomber sur son lit, et mourut sans efforts peu de temps après. On peut dire que, comme celle du juste, sa mort fut un sommeil. Non-seulement elle nous a laissés sans crainte sur son sort, mais nous avons la douce confiance qu'elle intercède pour nous auprès de Dieu.

Elle recommanda à son amie de faire graver sur sa tombe ces deux vers qu'elle avait composés :

Qu'il est doux de mourir dans les bras de Marie !
Passant qui lis ces mots, aime, honore Marie.

Puisse cette petite histoire servir à l'édification de la jeunesse à laquelle nous l'avons consacrée spécialement ! Que les personnes innocentes apprennent d'elle à se conserver dans cet heureux état ; et puissent les pécheresses imiter sa pénitence, pour expier leurs erreurs ! A la mort, les unes et les autres en éprouveront de la consolation, et elles en recevront la récompense dans la bienheureuse éternité.

CLERMONT, Imprimerie de THIBAUD-LANDRIOT.

www.ingramcontent.com/pod-product-compliance
Lightning Source LLC
Chambersburg PA
CBHW070537050426
42451CB00013B/3057